人生を照らす 親鸞の言葉

監修 真宗大谷派 名古屋別院

はじめに

現代に語り継がれる「偉人」というと、その行いによって人々を救ったり、導いたりした「すごい人」をイメージするかもしれません。親鸞は、仏教を広く広めた名僧のひとり、という点で偉業を成し遂げた「すごい人」と言えます。

しかし親鸞ほど、さとり切れずに苦悩したお坊さんもいません。私たちと同じように、欲が絶えず、日々悩みながら生きたのです。そんな親鸞だったからこそ、現代を生きる私たちの心に届く言葉があります。

本書では、人間の本性を厳しく見据えた親鸞の言葉を80選出しました。心に迷いや不安が生じた時、そっと寄り添ってあなたの力になってくれますように。

第一章　本当の自分を知る

第二章　苦しいのはあなただけじゃない

第三章　あなたを生かす大きな力

第五章　よく生きる

第六章　念仏は仏さまからの贈り物

年表・用語集

第一章　本当の自分を知る

外見をとりつくろう私たち

愚禿《ぐとく》が心《しん》は、内は愚にして外は賢なり。
（愚禿鈔《ぐとくしょう》）

博識で、人当たりもよい人格者のように見えても、その心の中は決して澄み切ってはいないものです。むしろ完璧に見える人ほど、怒りや不満が渦巻いていることも多いもの。

親鸞は鋭い眼で人間や自分自身を見ていました。内面は煩悩でいっぱいなのに、外見は賢そうにみせようとする。そんな自身を「愚禿《ぐとく》」と名のるようになりました。「禿」の字は、煩悩にとらわれる「凡夫《ぼんぶ》」であるということです。そこには自身のあさましさへの深い悲しみと懺悔《さんげ》が表れています。

「師をそしる」「親をそしる」は大きな罪

善知識をおろかにおもい、師をそしるものをば、謗法《ほうぼう》のものともうすなり。親をそしるものをば、五逆《ごぎゃく》のものともうすなり。

（親鸞聖人《しょうにん》御消息集《ごしょうそくしゅう》）

「謗法」とは仏法をそしること、「五逆」とは父を殺したり母を殺したりするような五つの罪です。しかし、親鸞は前者を「師をそしる」こと、後者を「親をそしる」

ことと言います。

誰もが父を殺したり母を殺したりするわけではありませんが、先生や先輩の欠点を見つけて少しだけ優越感に浸ったり、老いた親を疎《うと》ましく思ったりしたことはあるでしょう。親鸞は、仏教が説く「謗法」や「五逆」が他人事ではなく、あなた自身の問題であることを強調していると思われます。仏教はそんなあなたのために説かれているのです。

十人十色を受け入れる

無明煩悩しげくして　塵数《じんじゅ》のごとく遍満《へんまん》す
愛憎違順《あいぞういじゅん》することは　高峯岳山《こうぶがくさん》にことならず（正像末和讃《しょうぞうまつわさん》）

私の心の中は欲求不満でいっぱいで、それらは塵《ちり》の数ほど満ち満ちている。私に従う人は愛し、私の意見と違う人は憎むというような心が、高々とした山や峰のようにそびえ立っている。親鸞は自身の心のあり方をこのように歎《なげ》いています。

こうした例は身の回りにたくさん見られます。会社で考えただけでも、自分の命令に従順な部下をかわいがる、前向きな改善案であっても自分の意見と違えば耳を貸さない…さまざまな形が見られます。そうしたことをもたらす自己中心的な心を親鸞は深く見つめているのです。

知ったかぶりをしてしまう私たち

善悪の字しりがおは　おおそらごとのかたちなり
（正像末和讃）

現代は「一億総評論家時代」といわれます。インターネットでは、著名人だけでなく一般の人も、さまざまな評論を積極的に展開しています。商品やお店の「レビュー」には、品質やサービス、使い勝手などを一般の人が評価する記事が載っています。そのレビューを参考にして商品を選んだり、さらには自分が購入した商品について、星数で評価したり、感想をレビューに書き込むこともあるでしょう。

また、最近のテレビはクイズ番組が人気です。芸能人や文化人がクイズに答え、知識を競うのを楽しみます。クイズ王と呼ばれる人もいるようです。

親鸞は、これはよい、あれは悪いと判断するあり方を「善悪の字しりがお」といい、「おおそらごとのかたちなり」（大きな間違い）と自戒をこめて警鐘を鳴らします。知ったかぶりはおよしなさいということでしょう。「よく知っているねー」と言われると、思わずほくそ笑んでしまう、その心を問題にしています。「善悪のふたつ総じてもって存知《ぞんじ》せざるなり」（↓174ページ）が、仏教に出遇《あ》った親鸞の立場です。

変えがたい本性への悲しみ

悪性《あくしょう》さらにやめがたし　こころは蛇蝎《じゃかつ》のごとくなり
修善《しゅぜん》も雑毒なるゆえに　虚仮《こけ》の行《ぎょう》とぞなづけたる（正像末和讃）

「悪性」とは悪い本性のことです。人間の悪い本性はまったく変わるものではありません。それは蛇や蠍《さそり》のようなもの。だから、どんな善い行いをしても、煩悩の毒が混ざっているので、偽りの行いというのです。そう親鸞は詠《よ》んでいます。

「こんなに私があなたのためにしているのに…」と言って、相手を責める。そのような私たちのあり方が思い起こされます。

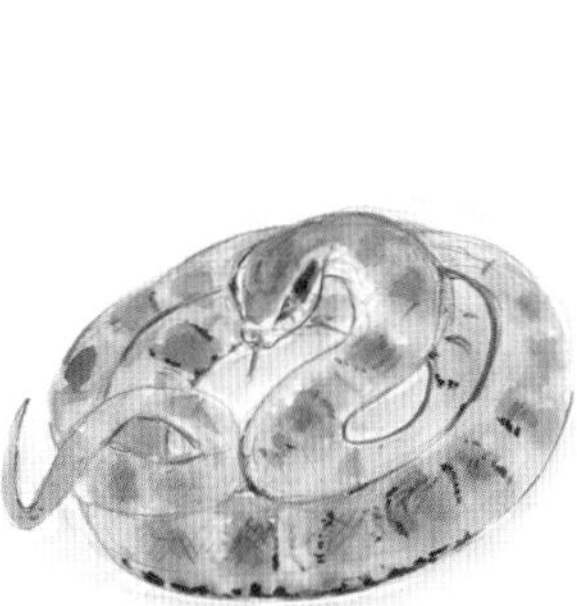

この世を捨てるのはもったいない

久遠劫《くおんごう》よりいままで流転せる苦悩の旧里《きゅうり》はすてがたく、いまだうまれざる安養の浄土《じょうど》はこいしからずそうろうこと、まことに、よくよく煩悩《ぼんのう》の興盛《こうじょう》にそうろうにこそ。（歎異抄《たんにしょう》）

『歎異抄』の作者といわれる唯円《ゆいえん》は、「念仏してもこの世は捨てがたく、浄土に生まれたいという気持ちが起こりません」と、親鸞に問いました。この言葉は、その時の親鸞の応答です。親鸞は「しっかりと念仏しないからダメなんだ」などと怒ったりはしませんでした。「私も浄土に生まれたいと思わなかった」と唯円に寄り添い、「それは煩悩のしわざなんだよ。でも安心しなさい、そんな煩悩たっぷりな者のために本願が用意されているのだから」と語るのです。門弟と正直に向き合う親鸞の人柄がうかがえます。

縁のめぐりあわせのおそろしさ

さるべき業縁《ごうえん》のもよおせば、
いかなるふるまいもすべし（歎異抄）

善いことをするのは、その人の性根が善いからではない、悪いことをするのは、悪人だからではない。すべてがめぐりあわせで、善いことをしたり悪いことをしたりするのだ、と親鸞は言います。

私たちは人の不正や失敗を批判しがちです。その時、批判の多くは、自分はそんなことはしないという立場でなされます。しかし、めぐりあわせがあれば、誰しもが同じようなことをしてしまうのが私たちなのです。そのような事実を教えられる時、そこに起こるのは、批判ではなく赦《ゆる》しではないでしょうか。

教えを鏡に自分を知る

浄土真宗に帰《き》すれども　真実の心《しん》はありがたし
虚仮《こけ》不実のわが身にて　清浄《しょうじょう》の心《しん》もさらになし（正像末和讃）

宗教に帰依《きえ》する（神や仏を信じて、その力や教えを依り処にすること）とは、「自分が真実になる」ことだと思っていませんか。親鸞の出遇《あ》った教えはそうではありません。むしろ帰依すればするほど我が身の不実さが明らかになるのです。

「虚仮不実のわが身」という言葉には、偽善に満ちて自己中心的であり、清らかさなど微塵《みじん》もない私であることへの懺悔《さんげ》、そしてそのことを教えてくださった阿弥陀さまへの讃嘆《さんだん》が表されています。阿弥陀さまの教えを鏡にして、はじめて本当の自分の姿を見ることができます。教えの鏡がないと、自己を正当化したり、自分勝手なふるまいに気づくことはできません。

なぜ我が身の不実さが問題になるのでしょうか。それは、これこそが仏教の課題とする苦の原因だからです。私たちは苦しみの原因を他人のせいにしたり、置かれた環境のせいにしたりしがちですが、本当の苦の原因は自身の中にあるのです。そんな苦の原因を阿弥陀さまに教えられて生きる、それが親鸞の帰依した浄土真宗の教えです。

どんなに深い苦悩も救われる

貪愛《とんない》・瞋憎《しんぞう》の雲霧《うんむ》、常に真実信心《しんじん》の天に覆《おお》えり。（正信偈《しょうしんげ》）

「貪愛」とは、何かを貪《むさぼ》り求めること。「瞋憎」とは、思いどおりにならないものに怒りや憎しみを感じることです。このような人間の苦悩は雲や霧のように、太陽（阿弥陀さまの救いのはたらき）を覆ってしまうと、その苦悩の深さが語られています。

分厚い雲や深い霧が発生した時、太陽の光を遮って朝・昼であっても辺りが暗く感じることがあります。しかし、太陽そのものがなくなってしまったわけではありません。どれほど人間の苦悩が深くても、そのはたらきに気がつかなくても、太陽は常に私たちを照らしているのです。

欲深い己の情けなさ、ふがいなさ

悲しきかな、愚禿鸞《ぐとくらん》、愛欲の広海に沈没《ちんもつ》し、名利《みょうり》の太山《たいせん》に迷惑して、定聚《じょうじゅ》の数に入《い》ることを喜ばず
（教行信証《きょうぎょうしんしょう》）

親鸞は二九歳で比叡山を降り、生涯の師となる法然と出遇《あ》いました。
親鸞は法然や他の門弟と共に念仏の教えを広めていましたが、その布教活動を

警戒され、時の政権によって越後《えちご》へ流されてしまいます。それを機に、国家に属する僧侶でもなければ世俗の人でもないという「非僧非俗《ひそうひぞく》」の立場を取ります。そして「禿《とく》」を姓とし、そこに「愚」の字をそえて、煩悩から離れられない自身の愚かさを表白《ひょうびゃく》したのです。

迷い続ける存在と理解する

自身を深信《じんしん》する（愚禿鈔）

この言葉は「自分を深く信じる」という意味です。普通は、自信をもつこと、辞書によれば「自分で自分の能力や価値などを信じること」と受け取れるのではないでしょうか。しかし、親鸞の場合はまったく違います。この言葉は、中国の善導《ぜんどう》という仏教に精通した徳の高い僧の言葉に基づいたものです。どのような自分を深く信じるのかというと、「自身は実際に、迷いのなかにあって、はるか昔から今この時もこれからも、常に迷い続けて、そこから離れることがまったくない」と深く信じるのです。

開き直りのように思われるかもしれませんが、そうではなく、自力を尽くし自力に破れたところに自覚される人間の事実です。この時、人々を救おうとする阿弥陀さまの本願も同時に深く信じることとなります。

このように親鸞が「自分を信じる」と言う場合、それは、自身は迷い続ける存在であるという痛みのなかでの自覚なのです。

コラム

幼少期の親鸞、そして出家

親鸞は、平安時代の終わりに近い一一七三（承安《じょうあん》三）年、京都に生まれました。戦や災害が相次いで起こり、苦しみの多い混沌《こんとん》とした時代でした。父・日野有範《ありのり》は朝廷に仕える下級貴族でした。母についてははっきりとしていません。親鸞は四歳で父と、八歳で母と死別します。

九歳の春、親鸞は叔父の日野範綱《のりつな》卿に伴われて、京都の青蓮院《しょうれんいん》で出家したと伝わっています。出家の際に当時の院主、慈円《じえん》が「もう夜なので、得度《とくど》（髪を剃って僧になる儀式）は明日にしよう」と言ったところ、親鸞は次の歌を詠《よ》んだそうです。

「明日ありと思う心のあだ桜　夜半《よわ》に嵐の吹かぬものかは」

明日があると思っていると、夜中に嵐があって、美しく咲いている桜も散るかもしれません。ですから今、出家させてください。この歌に気持ちを動かされた慈円は、すぐに儀式を行い、範宴《はんねん》という僧名を与えたのです。

第二章　苦しいのはあなただけじゃない

親子の間にも、許せないことがある

慈信《じしん》におきては、子の儀《ぎ》おもいきりてそうろうなり。（親鸞聖人血脈文集《けつみゃくもんじゅう》）

最愛と思った大切な人であっても、衝突が起こり、別れることがあります。それは近しい家族であっても同じことです。

晩年の親鸞は、長男の善鸞《ぜんらん》をその門下から切り捨てねばならなくなりました。八四歳の時のつらい出来事でした。善鸞もまた念仏の教えを広めていましたが、「父である親鸞から、自分は特別な教えを授けられている」と言い始め、門侶《もんりょ》（門弟の人々）たちを動揺させたのです。すでに老境にある親鸞でしたが、門侶たちのため、そして正しい教えのために涙を呑んで我が長男と親子の縁を切ったのです。

すべての人は仏になることができる

惑染《わくぜん》の衆生《しゅじょう》、ここにして性《しょう》を見ることあたわず、煩悩《ぼんのう》に覆《おお》わるるがゆえに。（教行信証）

この言葉は、仏教の有名な経典の一つである『涅槃経《ねはんぎょう》』の「一切衆生はことごとく仏性《ぶっしょう》あれども、煩悩覆えるがゆえに見ることを得ることあたわず」に基づいています。みなさんの多くはこの『涅槃経』の教えを、「すべての生きるものには仏の性質があるけれども、煩悩が邪魔をして見ることができない、だから修行を重ねて煩悩を取り除かねばならない」と受け止めるのではないでしょうか。

しかし親鸞は、煩悩に覆われているのが私たちであり、仏の性質を見ることはできないが、阿弥陀さまの力によって浄土で仏になると受け取ったのです。

死ぬまで消えない煩悩を背負う

凡夫《ぼんぶ》というは、無明煩悩《むみょうぼんのう》われらがみにみちみちて、欲もおおく、いかり、はらだち、そねみ、ねたむこころおおく（一念多念文意《いちねんたねんもんい》）

「凡夫」とは「仏教の教えを理解していない人」という意味で、自己中心的に生きて苦悩する私たちのことを指しています。また「無明」とは、人の心を惑わす多種多様な煩悩の根本のことで、物事の道理に暗い状態といってよいでしょう。私たちにはそんな無明煩悩が充満しているのです。

ですから、自分の思いどおりにいかなかったり自分より優れた人を見ると、無明煩悩がすぐさま芽を出し、怒りや腹立ち、うらみやねたみが生まれ、そこから逃れることができずに苦悩するのです。このように仏教は、苦悩の原因を他人や環境といった外側に見るのではなく、自身の心の内に見ます。これを「内観道」といいます。

怒りや腹立ちの気持ちがでてきた時はどうすればよいのでしょうか。ある先生は次のようなことを言っています。「怒りやねたむ気持ちがでてきたら、止めようとするのではなく、あっ、私のなかから人間（の本性）がでてきた、でてきたと思いなさい」と。ちょっと肩の荷がおりるのではないでしょうか。

欲や打算のない人はいない

一切の群生海《ぐんじょうかい》、無始よりこのかた乃至《ないし》今日今時に至るまで、穢悪汚染《えあくわぜん》にして、清浄《しょうじょう》の心なし。（教行信証）

読経や念仏を、私たちはどのような気持ちで行っているのでしょうか。ご利益があるからという気持ちが多少なりともあるのではないでしょうか。念仏までも損得勘定の中に組み入れるとは、なんと欲にまみれていることでしょう。

でも、悲観することはない。これが親鸞の立場です。遠い昔から今この時まで、私たちは煩悩にまみれ、欲や打算のない人なんていない、だからこそ、阿弥陀さまはそういう私たちのあり方を哀れに思い、救おうと立ち上がってくださったと語るのです。

誰もがみな小さく弱い存在

りょうし・あき人、さまざまのものは、みな、いし・かわら・つぶてのごとくなるわれらなり。（唯信鈔文意《ゆいしんしょうもんい》）

漁師であっても、商人であっても、どんな者もみんな、石やつぶて（小石）などのような「我ら」である。ここで着目したいのは、「我ら」と言っていること

です。自分もまた多くの人たちと同じように、小さく弱い存在であるという親鸞の自覚がここにはあります。そんな「いし・かわら・つぶてのごとくなるわれら」であるが、阿弥陀さまの本願を信じるならば、石を黄金に変えるかのように、必ずさとりを開かせてくださるのだと語るのです。

自力の深さに気づかされる

常没《じょうもつ》の凡愚《ぼんぐ》・流転の群生《ぐんじょう》、無上妙果《むじょうみょうか》の成じがたきにあらず、
真実の信楽実《しんぎょうまこと》に獲《う》ること難し。
（教行信証）

熱心に、丁寧に説かれて、頭では理解できているつもりになった他力の教えだけど、どこかで信じきれない自分がいる…。他力だけでなく、やはり自分の力も必要ではないか、という思いから抜け出せないのが私たち人間です。

迷いの海に沈んでいる私たち、苦しみの世界を流転し続けている私たちにとって、

さとりを開くことが難しいのではなく、さとりにいたる真実の信心を獲《う》ることが難しいのです。

真実の信心とは、阿弥陀さまの本願を信じることであり、自力の深さに気づかされることです。

煩悩の身だと開き直ってはいけない

えいもさめぬさきに、なほさけをすすめ、毒もきえやらぬものに、いよいよ毒をすすめんがごとし。くすりあり毒をこのめ、とそうろうらんことは、あるべくもそうらわずとぞおぼえそうろう。

（親鸞聖人御消息集）

阿弥陀さまは煩悩にまみれた私たちを救うのだから、どんな罪を犯しても大丈夫。当時そのような造悪無碍《ぞうあくむげ》（どんな悪をなしても支障がない）という考え方が広まりました。現代でもそう思う人もいることでしょう。

親鸞はこのような考えに対し、「煩悩をそなえた身だから、その心のままに、してはいけないことをしたり、言ってはいけないことを言ったり、思ってはいけないことを思ったり、心のままにしてよいと申しあっておられるようですが、なんともあわれむべきことです」と歎《なげ》き、「薬（阿弥陀仏）があるから毒（煩悩）を好め、というようなことはあってはなりません」と手紙に記します。そして「阿弥陀仏を信じる人は、かつては心のままに悪いことを思い、悪いことをしたけれども、今はそのような心をすてようと思うようになるのです」と言います。「そのような心がなくなる」ではなく、「そのような心をすてようと思う」と言うところに、煩悩をなくすことはできないという自覚に立った親鸞の親鸞たる所以《ゆえん》が感じられます。

「愚」を生きる

故法然聖人は、「浄土宗のひとは愚者《ぐしゃ》になりて往生《おうじょう》す」と候《そうら》いしことを、たしかにうけたまわり候いし

（親鸞聖人御消息集）

「お亡くなりになった法然上人は、『浄土の教えを生きている人は、愚者になって往生するのです』とおっしゃったことを確かに私はお聞きしてそのように受けたまわっております」。この言葉は、親鸞が八八歳の時に門弟に対して出した手紙の一節です。最晩年の親鸞が、師である亡き法然の言葉を思い起こしている様子がうかがえます。

私たちは、少しでも賢くありたいために、少しでも人に勝ちたいために、また有名になりたいために勉強や仕事に励みます。誰もが愚かな人間だと思われたくありません。では、この「愚者になりて」とは、どういうことなのでしょうか。愚か者にわざわざ自分からなるということではありません。人間そのものにそなわっている徹底した愚かさを自身が知るということなのでしょう。それはまた同時に、自身の愚かさを知らせた阿弥陀さまの本願を愚直に信じるということでしょう。このように「愚」には「愚かさを知ること」と「愚直であること」の二つの意があるのです。

あなたは、一人じゃない

一人居て喜ばは　二人と思うべし、二人居て喜ばは
三人《みたり》と思うべし、その一人は親鸞なり。（御臨末の御書／伝親鸞）

親鸞の命が終わりに近づこうとしていた時、周りにいた人たちはある不安を覚えていました。「もし聖人がお亡くなりになってしまったら、誰にお念仏の教えを伝えてもらえばよいのだろうか」と。

すると親鸞は、「私が浄土にかえろうとも、心配しないでください。あなた方のそば

にいますから。一人で仏法の喜びをいただいたのならば、二人の喜びだと思いなさい。二人で喜びをいただいたなら、三人の喜びだと思いなさい。そのうち一人は私親鸞です」と言い、人々を励ましたのです。

私がいなくなっても、お念仏の教えは尽きることがない。そのことを伝えようとされた言葉です。

ただ信じることが、なかなか難しい

かなしきかなや道俗の　良時吉日《きちにち》えらばしめ
天神地祇《てんじんじぎ》をあがめつつ　卜占祭祀《ぼくせんさいし》つとめとす（正像末和讃）

「良時吉日」とはよい時。「天神地祇」とは天と地の神様をさします。「卜占祭祀」は占いや祭ごとの意味です。

私たちは、外の力をおそれ、よい時を選んだり、悪い時を避けるなどして生活し、天地の神様を崇《あが》めて祭りごとをするものです。また占いにたよるのは、不安のあらわれでしょう。そのようなあり方を親鸞は歎《なげ》いています。

結婚式だったら大安を選んだほうがいいとか、その年の吉凶をおみくじで占うとか、なんの根拠がないにもかかわらず、それらにとらわれ一喜一憂したりするのは空しいことです。新年におみくじを引いて大凶を引いたら、一年中落胆して過ごすのでしょうか。

念仏一つで十分なのに、この日がよいとか悪いとか、占いなどに左右されてしまう私たち。シンプルな教えだからこそ、信じるのが難しく、「道俗（出家と在家）」にかかわらず、僧侶までも何が仏教で何が迷信なのかわからなくなっている。このことを親鸞は悲しみ、念仏せよとくり返し説くのです。

ちっぽけな私たちの限界を知る

聖道《しょうどう》の慈悲というは、ものをあわれみ、かなしみ、はぐくむなり。しかれども、おもうがごとくたすけとぐること、きわめてありがたし。

（歎異抄）

テレビで報道される世界各地の内戦や暴動、新聞で報道される児童虐待や家庭内暴力の実態…どれも痛ましく、見ているだけで悲しくなってきます。しかし、私たちがいくらかわいそうだと思っても、実際にできることには限界があります。

仏教についても同じことがいえます。自力の修行に励んだとしても、私たちには、さとりを得ることも、慈悲の心で人を救うことも難しい。だからこそ、阿弥陀さまの慈悲の心をいただいていくしかないのです。

努力や思いで越えられないものがある

今生《こんじょう》に、いかに、いとおし不便《ふびん》とおもうとも、存知《ぞんじ》のごとくたすけがたければ、この慈悲《じひ》始終なし。（歎異抄）

一所懸命に努力をしても報われないことがあります。あの人をなんとかたすけたいと思い、力を尽くしたにもかかわらず、どうにもならないこともあるでしょう。この世には、自分の力を超えたどうしようもないことがたくさんあります。その究極が、必ず死ぬということです。

死にたくない、死なせたくないと思いながら、結局人間にはそれができない。阿弥陀さまはそのような私たちを悲しんで「なんとか救いたい」と思われ、念仏往生の道をひらいたのです。

私たちの自分勝手な傲慢さ

煩悩具足《ぼんのうぐそく》の衆生《しゅじょう》は、もとより真実の心《しん》なし、清浄の心なし。
濁悪邪見《じょくあくじゃけん》のゆえなり。（尊号真像銘文《そんごうしんぞうめいもん》）

「もっと欲しい」「もっとこうなりたい」。常に何かを求めても得られない苛立《いらだ》つ心を落ち着かせて、「今、ここ」で生きていること自体に満足する。自分をよく見せようと知ったかぶりをせず、知らないこと、わからないことは素直にそう言う。相手のよいところを認めて尊敬する。文字で書けば当たり前のように思える理想的なことですが、実際にできている人は、どれだけいるのでしょうか。

「煩悩具足の衆生」とは、まさにそんな私たちのことを表現した親鸞の言葉です。つまり、自分勝手で傲慢な私たち、ということです。

そして、親鸞は「もとより真実の心なし、清浄の心なし」と、私たちにはそもそも真実で清らかな心などないのだと言います。「ちょっとはよい心をもっている」と思うのが私たちですが、それは思い上がりだと語るのです。

凡人でも人を救うことができる

神通方便《じんずうほうべん》をもって、まず有縁《うえん》を度《ど》すべきなり
（歎異抄）

念仏を称《とな》え、すみやかに阿弥陀さまの浄土に生まれ、すべての者を救うことのできる仏のさとりを得ることが大切である。そうすれば、縁のとても深い者、自

分の父や母や子を何よりもまず救うことができる。そう親鸞は述べています。ここには、自力では人を救うことができない悲しみ、そして、そんな身に念仏を与えてくださった阿弥陀さまへの感謝の心が流れています。凡夫《ぼんぶ》がこの世で人を救えると思うのは思い上がり、凡夫が念仏して必ず人を救えるようになるのは誓願《せいがん》（本願）の力だと親鸞は言います。

仏の前ではみな平等

専修《せんじゅ》念仏のともがらの、わが弟子ひとの弟子、という相論のそうろうらんこと、もってのほかの子細《しさい》なり。（歎異抄）

親鸞の教えによって念仏を称《とな》えるようになった人たちは、その念仏を他の人たちに伝え、新たな念仏者が生まれました。その時問題が起こりました。「私が念仏を教えたのだから、その人は私の弟子だ」「違う、違う。あなたではなく私が教えたのだから、私の弟子だ」というような弟子の取り合いが起こりました。親鸞はそのような争いは

「とんでもないことだ」と歎《なげ》き、「親鸞は弟子一人ももたずそうろう」と言うのです。

親鸞にとって念仏は、自分のものではなく、阿弥陀さまのものでした。自分のものを授けたのなら弟子だと言えるけれど、阿弥陀さまのものを手渡しただけなのだから、弟子だと言うのはありえないことでした。

親鸞は、自分に伴って念仏するようになった人々を、阿弥陀さまの念仏を共にいただき共に称えるなかまとして敬いました。親鸞は師ではなく仏弟子だったのです。そんな親鸞のすがたを後世の蓮如《れんにょ》は「親鸞聖人は門弟の方々を『御同朋御同行《おんどうぼうおんどうぎょう》』として、その方々にお仕えするかのように丁寧にお話しになられました」と述べています。

コラム

比叡山延暦寺での修行

九歳から二九歳までを比叡山で過ごした親鸞が、どのような修行をしていたのか、詳しくは記録に残っていません。しかし、残された手紙などから、比叡山の横川《よかわ》で「堂僧」として、常行三昧《じょうぎょうざんまい》という厳しい修行を行っていたことが推察されます。

この常行三昧とは、三か月もの間、途切れることなく念仏を称《とな》え続けながら、堂内に安置された阿弥陀仏像のまわりをぐるぐると歩き続けるという過酷な修行です。

このような修行だけでなく、比叡山での親鸞はさまざまな経典やその論書・註釈書も学んでいたことでしょう。しかし、どれだけ修行と学問にはげんでも、さとりを開くことはできませんでした。

第三章　あなたを生かす大きな力

この世は、見渡す限りの大海原

竊《ひそ》かに以《おもん》みれば、難思《なんし》の弘誓《ぐぜい》は難度海《なんどかい》を度《ど》する大船《たいせん》

（教行信証）

阿弥陀さまの本願は、荒海のような世を生きる私たちを、安らかな浄土へと渡らせる船です。親鸞は迷いの世を、渡ることが難しい海と表現しました。

人は病気や苦しみのなかにいる時に絶望します。親鸞も天災や飢饉に遭遇し、苦難に翻弄されながら生きてきました。そんな「難度海」を生きる私たちの「大船」が阿弥

陀さまの本願であると言っています。人間のはからいを超えて、あらゆる者を救うべくはたらき続ける阿弥陀さまの誓いに自分を委ねることが、荒海を生きる依り処だというのです。

人間はさとれない。だから…

いかにいわんや、十方群生海《ぐんじょうかい》、この行信《ぎょうしん》に帰命《きみょう》すれば摂取して捨てたまわず。かるがゆえに阿弥陀仏《あみだぶつ》と名づけたてまつると。これを他力《たりき》と曰《い》う。（教行信証）

親鸞が説いた「他力」とは阿弥陀さまのはたらきのことです。その教えは、「煩悩がまじった人間の自力ではさとりを得ることはできないと自覚し、阿弥陀さまを信じて念仏申しなさい」というものです。

阿弥陀さまの語源の一つ「アミターバ」は、量りしれない光という意味です。その光はどこでも照らします。だから誰一人としてその光からもれることはありません。太陽の光によって子どもたちは育ち、花も咲き誇るように、阿弥陀さまの光によって私たちはさとりを得る身へと育てられるのです。

浄土への道を歩む

他力《たりき》と言うは、如来《にょらい》の本願力《ほんがんりき》なり。
（教行信証）

「他力」とは他人のふんどしではなく、「如来の本願力」、阿弥陀さまの本願の力を指します。私個人の欲望から最もはなれた、すべての者を救うまでは自分は仏とならないという誓いが阿弥陀さまの本願です。

私たちは、如来の本願力に支えられて、浄土へと道を歩むことが願われています。それは日々の生活の中で、自分たちがいかに「私の願い」を優先させているかを教え続けられる歩みです。

長い年月を貫く思いが道しるべとなる

弥陀成仏のこのかたは　いまに十劫《じっこう》をへたまえり
法身《ほっしん》の光輪きわもなく　世の盲冥《もうみょう》をてらすなり（浄土和讃《じょうどわさん》）

阿弥陀さまはもともと一国の王子で、物質的には何の不満もない生活を送っていました。しかし世自在王仏《せじざいおうぶつ》という仏さまに出遇《あ》い、その堂々としたすがたに感動し、自分もそうありたいと思い、すべてを捨てて出家し、法蔵菩薩《ほうぞうぼさつ》と名のります。法蔵菩薩は「浄土をつくり、すべての苦悩する人をそこに生まれさせて救いたい」と決意しました。そして、ありとあらゆる仏たちの浄土を見て、よいところを取り入れようとし、五劫《ごこう》という《ご》とても長い時間をかけて本願をたて、兆載永劫《ちょうさいようごう》という長い間、修行をし、浄土と浄土に生まれさせる念仏を完成し阿弥陀さまとなったのです。「弥陀成仏のこのかたはいまに十劫をへたまえり」とは、阿弥陀さまになってすでに十劫が経っているということです。

ここに出てくる十劫や、五劫、兆載永劫は、時間的な長さだけでなく、人々の苦悩の歴史や深さを表しています。それは私の苦悩の深さでもあります。阿弥陀さまの光に照らされる時、「この私を救うために、こんなにも苦労をしてくださった」と、阿弥陀さまのご苦労がしのばれてくるのです。

自分の考えは絶対ではない

如来誓願《にょらいせいがん》の薬は、よく智愚《ちぐ》の毒を滅するなり。
（教行信証）

新型コロナウイルスにもたらされた新しい生活様式によって、これまで行ってきた生活上のルールや自分の思いが、たやすくくつがえってしまったことに驚きます。たとえばマスクの着用。これまでは着けないのが普通でしたが、今では着けて外に出ることが当たり前のようになっています。

智者であれ愚者であれ、人間のもつ間違いないという思いこみ、それを親鸞は「智愚の毒」といいます。そんな我が身を問うために、たまには、お寺に足を運び、教え（薬）をきいてみましょう。自分の考えや仕事の仕方、人間関係のあり方などを振り返る機会になります。

迷いの世界から脱する船に乗る

生死《しょうじ》の苦海ほとりなし　ひさしくしずめるわれらをば
弥陀弘誓《みだぐぜい》のふねのみぞ　のせてかならずわたしける（高僧和讃《こうそうわさん》）

六道の迷いの世界を生まれ死に変わりすることをくり返す私たちを、阿弥陀さまの大きな船だけが向こう岸の浄土へと渡らせてくれるのです、と親鸞は詠《うた》っています。

浄土への往生は、すべて阿弥陀さまのはたらきによるものです。自力で至るのではありません。命終わるまで凡夫《ぼんぶ》であり続ける私たちが、誰一人として見捨てられることなく凡夫のままでさとりの世界に渡ることができる、そのことのありがたさ、不思議さを噛みしめた和讃です。

分け隔てのない救い

弥陀《みだ》の本願には、老少善悪《ろうしょうぜんあく》のひとをえらばれず。ただ信心を要《よう》とすとしるべし。そのゆえは、罪悪深重煩悩熾盛《じんじゅうぼんのうしじょう》の衆生《しゅじょう》をたすけんがための願《がん》にてまします。

（歎異抄）

阿弥陀さまの本願はどんな人でも平等に救いとることが述べられています。「年老いた人・若い人、善い人・悪い人、男・女、身分の高い人・低い人、僧侶・俗人など、そのようなことは救いの条件ではない。救いにはただ信心が肝要であると知りなさい」と親鸞は語ります。

そのような阿弥陀さまの「選ばず・嫌わず・見捨てず」のお心に救われ続けてきた歴史が浄土真宗といえるのではないでしょうか。「こんな自分が救われるはずがない」という自身への諦め、「そんなおまえが救われるはずがない」という社会の決めつけのなかで苦悩する人にとって、阿弥陀さまの本願はまさに光だったのです。

本願はこう誓っています。「この光に出遇《あ》ったものは、身も心も柔らかく穏やかになって、迷いから解放されるだろう」と。そんな光を身に受けながら、この娑婆《しゃば》世界を穏やかな心持ちで生きていきたいものです。

変わらず、私を照らし続けてくれるもの

煩悩《ぼんのう》にまなこさえられて　摂取《せっしゅ》の光明みざれども
大悲《だいひ》ものうきことなくて　つねにわが身をてらすなり（高僧和讃）

阿弥陀さまの慈しみの心を「大悲」といいます。それは親不孝者の息子を、ひたすらに愛する親心のようなあたたかさを秘めています。

私たちは悩みや問題にさらされると、愚痴や不満ばかりを漏らすようになります。

その時、自分がいかに恵まれているか、いかに愛されているかをつい忘れてしまいま

す。しかし、阿弥陀さまはそんな私のもとにも惜しみなく光を届けてくれるのです。どんな状況にあってもやさしく見守り、そしてこれからも照らし続けてくれる。そのような気づきを他力の信心といいます。

信じるからこそ、救われる

難信金剛の信楽《しんぎょう》は、疑いを除き証《さとり》を獲《え》しむる真理なり

（教行信証）

私たちが何かを「信じる」ということは、いかにあてにならないものでしょうか。「これだ！」と自分で決めた道ですら、信じて突き進み続けるのは難しいことです。途中にはたくさんの誘惑や自信を打ち砕かれる出来事もあるでしょう。信じたくても信じきれず、念仏を称《とな》えたところで、心のどこかで疑いの気持ちが出てくるのが私たちです。

阿弥陀さまは人の思いをはるかに超えた存在です。その光は、私たちの苦しみや悲しみを生きる喜びに転じてくれます。苦しみの中にいる時に、見出されてくる光、それが阿弥陀さまなのです。

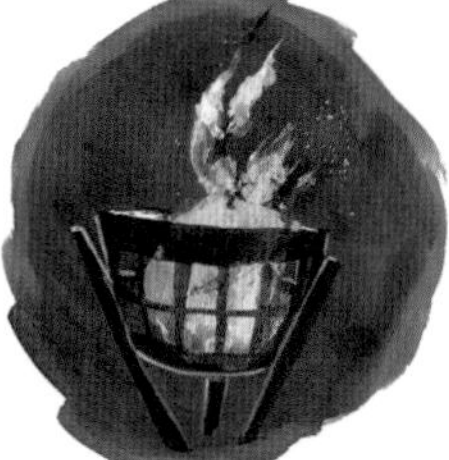

その幸せは、自分でつかんだわけではない

ああ、弘誓《ぐぜい》の強縁《ごうえん》、多生《たしょう》にも値《もうあ》いがたく、真実の浄信《じょうしん》、億劫《おっこう》にも獲《え》がたし。たまたま行信《ぎょうしん》を獲《え》ば、遠く宿縁を慶《よろこ》べ。（教行信証）

これまでの人生で出あった人々、経験したさまざまなことを思い浮かべて見てください。よい人との出あいもあれば、本当にみじめな思いをしたこともあったと思います。そうした人生の中で出あういろいろなこと、その中でも特によい人との出あいやよい結果にめぐりあった時、ともすると私たちはすべて自分の手柄だと考えてしまいが

ちです。しかし、本当にそうでしょうか。

仏教の立場でいうと、それらの出あいや経験は、過去からのありとあらゆるご縁によってもたらされたものであって、自分の手柄ではありません。すべてが「おかげさま」なのです。

「おかげさま」は「お陰さま」と書きますが、この「陰」がさまざまなご縁であり、目には見えない仏さまや神さまの力です。そのようなご縁の中で自身が生かされていることに思いをはせ、「おかげさま」、そう素直に言える心を大切にしたいものです。

海に入れば、すべてひとしくなる

凡聖《ぼんしょう》、逆謗《ぎゃくほう》ひとしく回入《えにゅう》すれば、
衆水、海に入りて一味なるがごとし。（正信偈）

「凡聖」とは凡夫《ぼんぶ》と聖者のこと。「逆謗」とはひどい罪を犯した者や仏法をそしる者のことです。親鸞は、阿弥陀さまの本願の分け隔てのない救いを、海にたとえて讃《たた》えています。

海には汚れた水も澄んだ水も流れこみ、それらは必ず一つの塩味となります。本願もこのような海の性質と同様に、どんな人間も平等に受け入れ、さとりを得させるのです。このはたらきを「必然《ひつねん》（人を必ず仏にさせる）」といいます。また、どんな人も救うという本願のはたらきが変わったり衰えたりしないことを「不改《ふがい》（はたらきが改まらない）」といいます。このような本願の海があなたには用意されているのです。

自分勝手に生きる私たちを仏道に向かわせるもの

自然《じねん》というは、自は、おのずからという。行者《ぎょうじゃ》のはからいにあらず、しからしむということばなり。然《ねん》というは、しからしむということば、行者のはからいにあらず、如来《にょらい》のちかいにてあるがゆえに。(正像末和讃)

自然《しぜん》と自然《じねん》は異なります。自然《しぜん》は私たちが知っている人工的でない海や山などを指す言葉です。一方、親鸞は自然《じねん》について、本願他力のはたらきだと語ります。

仏さまの教えを信じず、自分勝手に生きている私たちを仏道に向かわせる、そんな阿弥陀さまのはたらきが自然《じねん》です。そのはたらきは、あなたが気づこうが気づくまいが存在し、あなたに今もよびかけています。

心を悩ませるものからの解放

無慚無愧《むざんむぎ》のこの身にて　まことのこころはなけれども
弥陀《みだ》の回向《えこう》の御名《みな》なれば　功徳《くどく》は十方《じっぽう》にみちたまう（正像末和讃）

親鸞はどれほど過酷な修行を自らに課しても、さとりの境地に到ることができませんでした。それどころか炎のような煩悩と疑問が渦を巻き、親鸞の身も心も悩まして収まることがなかったのです。

いくら仏さまの教えであっても、この乱世の時代に、執着や欲望を滅却するなど不可能ではないのか…。このまま修行を続けても、永遠に欲望から解放されることなどないのではないか…。親鸞は、厳しく長い修行を経て、自力では仏になることができないと悟ります。そして自分のような者でも仏になることのできる念仏の教えを説く法然のもとを訪れたのです。

この和讃には、自分には真実の心などないという懺悔《さんげ》と、十方に満ちわたる阿弥陀さまの功徳が自分のところにも念仏として届いていることへの感動が詠《うた》われています。

充実した今を生きる力

本願力にあいぬれば
むなしくすぐるひとぞなき（高僧和讃）

人生にはさまざまな苦しみがあります。「むなしくすぐる（空しく過ぐる）」とは、暇だ、やる気がでない、時間だけが過ぎていく、そのような苦しみです。また、自分の好き嫌いで人を批判したり、人のあら探しをしたり、人をうらやんだりすることに熱心で、結果、今この瞬間を大切に生きていない状態でもあるでしょう。

阿弥陀さまの本願の力はそのような人々に、浄土という真実の世界をひらきます。向かうべき方向が定まればやる気もでてくることでしょう。また真実の世界に触れれば、いかに自分が不真実・不誠実なあり方をしているかに気づくことでしょう。本願力によって、空しく時を過ごすことを超えられる、そのことを親鸞は実感をもって語っているのです。

この言葉のもとである、インドの天親《てんじん》の著した『浄土論』には、浄土のはたらきが二九種類説かれています。この言葉もその一つです。親鸞はそれらを大切にし、浄土の救いを具体的に述べるのです。

自分で動かしたい、支配したいという気持ちから離れる

本願他力《たりき》をたのみて自力をはなれたる、これを「唯信《ゆいしん》」という。（唯信鈔文意）

自力をさしおいて阿弥陀さまのはたらき（本願他力）を信じることはたいへん難しいことです。私たちは自分で思い、自分で選び、すべて「自分」ということ

を離れることなく生き、それがごく自然に身についているからです。

そのような自分についてよくよく突きつめて考えてみると、そこには「自分さえよければいい」という思いが潜んでいるのではないでしょうか。親鸞はそういう無自覚な自分中心主義を照らし出す阿弥陀さまの力を信じ、生活していきなさいと説くのです。

コラム

六角堂での夢告《むこく》

二九歳の時、親鸞は比叡山の教えと決別し、山を下りて六角堂に籠《こも》ります。六角堂は聖徳太子が開いた寺として有名で、親鸞は仏教を日本に伝えた太子に道をたずねたのです。

そして九十五日目の暁、聖徳太子が観音菩薩となって親鸞の夢のなかに現れ、次のように告げたと伝わっています。

「あなたがもし、はるか昔からの因縁によって結婚することがあれば、私は女性となってあなたに寄り添いましょう。そして一生涯あなたをお守りし、命を終える時は浄土へと導きましょう」。

この夢告を契機として、親鸞は東山の吉水で念仏の教えを説いていた法然を訪ねたのです。

第四章　かけがえのない出遇い

人生を変える出遇いが、ある

遇《あ》いがたくして今遇うことを得たり
（教行信証）

普通であれば、なかなか出遇えないようなものなのに、私は幸運にもこうしてめぐり遇うことができた。親鸞は教えに出遇った感動をそのように語っています。この出遇いで親鸞は何を得たのでしょうか。それは、生きる方向性でした。阿弥陀さまの本願を信じて念仏すれば、誰もが浄土へ往《ゆ》くことができる、親鸞はこの教えを生き、また人々に広めることを自らの使命としました。その教えが、今を生きる私たちまで届いているのです。

宝物のような師との出遇い

親鸞におきては、ただ念仏して、弥陀《みだ》にたすけられまいらすべしと、よきひとのおおせをかぶりて、信ずるほかに別の子細《しさい》なきなり。（歎異抄）

よい師との出遇《あ》いは、大海原に落とした指輪を探し出すように得難いものです。長い修行生活のなか、親鸞は多くの先輩に出あいましたが、そこでは求めていた教えは得られませんでした。法然の「念仏して阿弥陀さまにおたすけいただくべきである」という教えに触れた時、はじめて暗闇から抜け出たような喜びを覚えたのかもしれません。それは、親鸞に阿弥陀さまの本願に従う大切さを気づかせるものだったからです。親鸞は法然を「よきひと」と呼びます。「よきひと」という言葉には、師の教えで人生が変わったことへの感謝の念がにじみ出ています。

そうまでして信じたいものと出遇う

たとい、法然聖人《しょうにん》にすかされまいらせて、念仏して地獄におちたりとも、さらに後悔すべからずそうろう

（歎異抄）

「たとえ、法然に騙されて、念仏して地獄におちたとしても、まったく後悔するはずはございません」。この言葉には、師である法然へのゆるぎない信頼と、手元

まで届いた念仏の教えを生きることへの親鸞の決意が表されています。

私たちは、人を信じて、もし騙されてしまったら、おそらく後悔をするでしょう。そして、信頼することから遠ざかるような生き方に終始するようになるかもしれません。しかし、親鸞は法然と出遇《あ》い、本願と出遇い、生きる方向が定まったのです。人生における出遇いの大切さを知らされます。

地獄へおちたっていい

いずれの行もおよびがたき身なれば、
とても地獄は一定《いちじょう》すみかぞかし。(歎異抄)

この言葉は前頁の「法然に騙されて、念仏して地獄におちたとしても……」に続くものです。これも有名な言葉で「どのような修行によっても、さとりを得られない煩悩の身なのだから、地獄こそが私の住むべき場所だと決まっているのだ」と、親鸞は師とその教えに対する信頼を告白しています。

親鸞は自力修行の道に限界を感じて比叡山を下り、法然と出遇《あ》って念仏の道を歩むことになります。若き日に仏教について悩んだ親鸞にとって、その苦しみから救い出してくれた法然やその教えはとてもありがたいものだったことでしょう。その法然になら、たとえ騙されて念仏して、後に地獄におちても後悔などしない。親鸞はここまでの覚悟をもって、法然と共に念仏を広めていったのです。

法然や親鸞の時代は念仏者への風当たりがとても強く、後に念仏の停止が朝廷から下され、親鸞も流罪になります。その時代にあって、親鸞は法然やその教えにこれほどの信頼を寄せていたのです。

これは、わたしひとりのための願いだ

弥陀《みだ》の五劫思惟《ごこうしゆい》の願《がん》をよくよく案ずれば、ひとえに親鸞一人がためなりけり。（歎異抄）

「浄土をつくり、すべての苦悩する人をそこに生まれさせて救いたい」、阿弥陀さまはそう決意して、五劫という限りなく長い年月をかけて思いをめぐらせて本願をたてました（↓75ページ参照）。その本願は誰のためにたてられたのか。それは、この私親鸞ただ一人を救うためであった、という言葉です。

自分一人のためだけと聞くと、親鸞は本願を独り占めしているように思うかもしれませんが、そうではありません。ここには本願に出遇《あ》った感動が表されているのです。本願という人々を救うはたらきがどこかにあって…と、本願について客観的に説明しているのではなく、本願をいただく親鸞の姿が浮かんできます。信仰とはこのように主体的なものなのです。

そしてその感動は「こんな自分ですら救う本願なのだから、すべての者を救いとるに違いない」という確信へと展開していると思われます。

出遇えたことで世界が変わる

曠劫多生《こうごうたしょう》のあいだにも　出離《しゅつり》の強縁《ごうえん》しらざりき
本師《ほんじ》源空いまさずは　このたびむなしくすぎなまし（高僧和讃）

親鸞が亡き法然をしのび、そのご恩に謝している和讃です。法然について詠《うた》われた二十首のうちの一つで、「法然（源空）がいなかったら、私親鸞は、長い間（曠劫多生）、苦しみを離れる強い縁である阿弥陀の本願を知らずに一生を空しく過ごしていただろう」という意味です。ここには法然とのかけがえのない出遇《あ》いに対する感謝が述べられています。

自分の力で苦しみから解放されたのではなく、師のおかげだとする親鸞の姿勢がよく表れています。

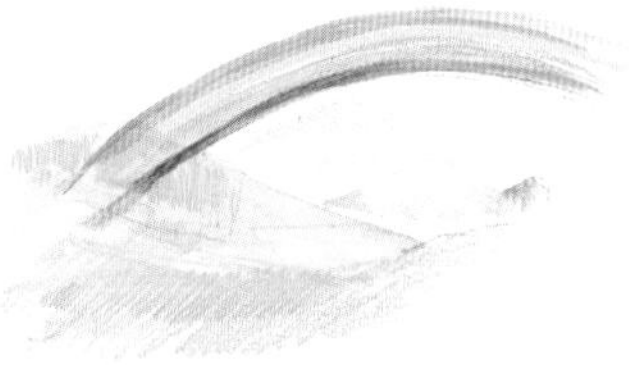

真の独立者となるために

「唯《ゆい》」は、ただこのことひとつという。ふたつならぶことをきらうことばなり。また「唯」は、ひとりというこころなり。（唯信鈔文意）

この一節は『唯信鈔文意《ゆいしんしょうもんい》』冒頭にある文です。『唯信鈔文意』は法然門下の先輩にあたる聖覚《せいかく》が著した『唯信鈔』に対して、親鸞が注釈を加えたものです。親鸞は『唯信鈔』をとても大切にし、何度も書き写したり、「よくよく『唯信鈔』をご覧ください」と手紙に記したりしました。その注釈書である『唯信鈔文意』は誰に向けて書かれたかというと、「仏の言葉の意味も知らず、愚かであることがこの上ない『いなかのひとびと』」です。その「いなかのひとびと」とは自分を含めた「われら」であると述べています。

ここでは「唯信」の「唯」について、「ただこのことひとつ」「ひとりということころ」と、二つの了解を示します。前者の「ただこのことひとつ」とは、ただ信心ひとつが仏道の要であるということです。その信心の中身は、これまで述べてきたように、一切衆生を救おうとする阿弥陀さまの本願を深く信じる心、もう一つは、自力では仏になることのできない身であることを深く歎《なげ》く心です。そしてこのような信心において、後者の「ひとり」が成立するというのです。「ひとり」とは孤独・孤立ということではありません。真の独立者となるということです。

心がひるがえされる不思議

「回心《えしん》」というは、自力の心をひるがえし、すつるをいうなり。
（唯信鈔文意）

親鸞が回心という宗教体験について述べている一節です。回心とは、自分勝手で欲深い心を改めて（ひるがえして）、仏道に入ることです。ここでもそのように述べられています。しかし浄土真宗における回心の特徴は、その背景に本願との出遇《あ》いがあることです。

阿弥陀さまの本願は「私の国である浄土に生まれようとおもいなさい。必ず救うから」と私たちによびかけています。その慈悲の声を聞き、浄土への歩みを始めることが回心です。自分のものさしで人を裁いて衝突を起こし、人を傷つけ自分も傷つけ、都合の悪いことがあれば人や周りのせいにして自分を正当化する。そんな心が本願との出遇いによって「ひるがえされる」のです。

もちろん、ひるがえされたからといって、自力の心がなくなるわけではありません。なくなったとしたら、この身のままで仏となるという即身成仏の世界です。浄土で仏になるのが親鸞の教えですから、自力の心はなくならないけれども、その心の問題性を教えられるということでしょう。色めがねは取れないけれども、色めがねをかけていることを知らされるのです。

生かされて生きる

しかるに愚禿釈《ぐとくしゃく》の鸞《らん》、建仁辛《けんにんかのと》の酉《とり》の暦、雑行《ぞうぎょう》を棄《す》てて本願に帰す。（教行信証）

人に頼らず、自分の力だけで生きるというのは潔く、またかっこよくも感じられます。しかし、そのようなことは、自分勝手な思いこみなのです。両親や恩師、先輩、友人など…私たちはさまざまな他者に支えられ、多くの影響を受けて生きているからです。この言葉は、師法然を通して本願に出遇《あ》い、その本願に支えられて生きていくことを決意した親鸞の気持ちが示されています。

自分の力だけで生きていけると錯覚し、与えられたご縁を当たり前のものとして見過ごしてしまう。親鸞はその愚かさに気づいた人なのです。

父と母のような温もりにつつまれて

釈迦は慈父《じふ》、弥陀は悲母《ひも》なり。
（唯信鈔文意）

親鸞は自身を仏道にたたせてくれた、お釈迦さまと阿弥陀さまを、それぞれ慈父、悲母にたとえて、そのご恩に感謝しています。

おふたり（二尊《にそん》といいます）のご恩とは何でしょうか。お釈迦さまのご恩は、阿弥陀さまの本願を言葉にして説いてくださったことです。お釈迦さまが言葉にしてくださらなかったら、私たちは、言葉も思慮も超えたさとりの世界の事柄である阿弥陀さまの本願に触れることはできません。そんな私たちになんとか本願を伝えようとご苦労されたのがお釈迦さまです。ですからお釈迦さまは「教主《きょうしゅ》」（教えを説く主）とよばれます。お釈迦さまは「この私を見なさい」とは言いません。「阿弥陀さま（真実）の方へ向かいなさい」と指をさすのです。

一方、阿弥陀さまのご恩は、私たちを凡夫《ぼんぶ》のままで一人残らず浄土に往生させて仏にしてくださることです。ですから阿弥陀さまは「救主《きゅうしゅ》」（救い主）とよばれます。このように浄土真宗は二尊によって成り立つ教えで、これを二尊教といいます。中国の善導《ぜんどう》という人は、「浄土へゆけ」と私たちをこの世で励ますのがお釈迦さま、「浄土に来なさい」と浄土から私たちを招いているのが阿弥陀さまであると了解しています。

どうしても教えを聞きたい、その魅力

良《まこと》に師教の恩厚《おんこう》を仰ぐ。
（教行信証）

話題の塾講師や大学教授の講義、有名な政治家の演説は、いつでも、多くの人が注目しているものです。話の中身もそうですが、魅力的な人が話すからこそ誰もが話を聞いてしまう、ということもあるのでしょう。

専修念仏の教えで人気のあった法然にも、そういう部分があったのかもしれません。

教えの内容がわかりやすくしっかりしたものであることはもちろんですが、法然だからこそ一層その教えが魅力的に見えてくる。親鸞も、法然が説く念仏の教えはもちろん、法然の人柄にも惹かれていったことでしょう。

門弟のひとりである唯円《ゆいえん》がのちに執筆したといわれる『歎異抄《たんにしょう》』には、関東の門弟たちとともに上洛し、親鸞に教えを聞いたことが記されています。

当時の旅は、道も治安もよくないわけですから、非常に危険なものでした。門弟たちは命をかけて親鸞のところに教えを聞きに来て、親鸞もそんな彼らに対して敬う心をもって迎え入れ、教えを伝えていったのです。

出遇いは偶然ではない

智慧光《ちえこう》のちからより　本師《ほんじ》源空あらわれて
浄土真宗をひらきつつ　選択《せんじゃく》本願のべたまう（高僧和讃）

比叡山での修行と決別し下山した親鸞は、六角堂での夢告をへて（↓98ページ）、法然（源空《げんくう》）と出遇《あ》い、念仏者となりました。この和讃は、親鸞の人生の変えた「よきひと」法然の功績を讃《たた》えたものです。

「智慧光のちからより　本師源空あらわれて」とは、阿弥陀さま（智慧光）が人々を救うために、法然をこの世に誕生させたということです。親鸞は、法然との出遇いを個人的な体験にとどめずに、阿弥陀さまによる救済ととらえました。一切の者を救おうとするのが阿弥陀さまという考えに立つならば、あなたにも「よきひと」を阿弥陀さまは用意してくださっているはずです。

さらに親鸞は「浄土真宗をひらきつつ」と法然を讃えます。浄土真宗をひらいたのは親鸞にとっては法然でした。いわゆる宗派として浄土真宗の開祖は親鸞ですが、「浄土を真の宗（依り処）」とする教えをひらいたのは法然なのです。ここにも師法然に対する親鸞の深い感謝の念が感じられます。

コラム

法然との出遇いと別れ

親鸞は法然に出遇《あ》い、その教えに深く共感します。「念仏すれば誰もが救われる」という教えは、わかりやすく、民衆の間で評判となり、貴賤《きせん》を問わず法然を訪ねてくる者は多かったと伝わっています。

一方で、延暦寺や興福寺などの他宗からの法然への批判は避けられないものでした。厳しい修行を掲げる彼らから見れば、念仏一つだけで救われると説く法然の教えは異端でした。

そして一二〇七年、ついに専修念仏の停止が朝廷から下されます。四人が死罪、八人が流罪となり、法然は土佐へ、親鸞は越後へと流され、これが二人の今生の別れとなりました。

第五章　よく生きる

「聞く」とは、「信じる」こと

きくというは、本願をききてうたがうこころなきを「聞《もん》」というなり。
（一念多念文意）

日常の中で、音楽を聞いたり、人の話を聞いたりしますが、ここでの「きく」は、阿弥陀さまが私たちによびかける声なき声をきいて、疑う心のないことをいいます。阿弥陀さまは苦悩する私たちを悲しんで、「浄土に生まれようと思いなさい。この私にまかせなさい」と、よびかけています。そのよび声を疑いなく信じることを「きく」というのです。

「今、ここ」を支える力

難行《なんぎょう》の陸路《ろくろ》、苦しきことを顕示《けんじ》して、
易行《いぎょう》の水道、楽しきことを信楽《しんぎょう》せしむ（正信偈）

この言葉は、インドの龍樹《りゅうじゅ》という方が説いた難行と易行の道について、親鸞が『正信偈《しょうしんげ》』で讃《たた》えている部分の一節です。

仏教でも山登りなどと同じように、目

的地（さとりの世界）まで行く方法にはさまざまな方法があります。険しい谷や山を歩いて進んでいく方法や波一つとない穏やかな水路を進む方法など…。

生きることにはさまざまな苦しみや困難が立ちはだかります。自分の力では何ともならないこともあります。その時、水の流れに身を任せ、「今、ここ」を生きていくこと、それが水路を行くということなのかもしれません。

一生、悪をなしても、救いの道がある

一生悪を造《つく》れども、弘誓《ぐぜい》に値《もうあ》いぬれば、
安養界《あんにょうかい》に至りて妙果《みょうか》を証《しょう》せしむ（正信偈）

むかしむかし、法蔵菩薩《ほうぞうぼさつ》という一人の修行者がいました。法蔵菩薩は数限りない仏がたの浄土を見て、長い時間考えに考えて「すべての人々がひとしく生まれることができ、成仏できる浄土をつくりたい」という誓いをたてました。

そして法蔵菩薩は長い時間をかけて修行をし仏となり、自分の理想とする浄土とそこに生まれるための念仏をつくったのです。その浄土は「安養界」といわれます。そこに至れば、阿弥陀さまと同じさとり、すなわち「妙果」を得られるのです。

私たちは、この世界で何をしたか、しなかったかにかかわらず、ただ阿弥陀さまの誓いを信じ念仏することで、浄土に生まれさとりを得ることができるのです。

ところで、この文の最後は「証す」ではなく、「証せしむ」となっています。「しむ」は、そのようにさせられるという使役《しえき》を表します。ここにも、阿弥陀さまの力によって、さとりを得るのだという親鸞の受けとめを見ることができます。

信じることの意味を考える

涅槃《ねはん》の真因《しんいん》はただ信心をもってす
（教行信証）

人をこの迷いの世界から解き放つものは、阿弥陀さまの本願を信じる心である、と親鸞は言います。では、信じるとはどういうことなのでしょうか。

私たちが「あなたを信じる」と言う時、そこには自分にとって都合よく相手を信じたいという願いが潜んではいないでしょうか。そんな思いを秘めた「信じる」は、真実の信ではないのです。ただ、真実の信でないとわかったとしても、人は自分の都合でしか信じることができない生きものです。そんな矛盾の中で、阿弥陀さまを信じることを問い続けるのが、さとりへの道の歩みといえるでしょう。

まっすぐに生きる

あるいは僧儀《そうぎ》を改めて姓名《しょうみょう》を賜《たも》うて、遠流《おんる》に処《しょ》す。予《よ》はその一なり。しかればすでに僧にあらず俗にあらず。このゆえに「禿《とく》」の字をもって姓《しょう》とす。（教行信証）

法然とその門弟らが、朝廷からの念仏停止の命令によって四名が死罪、八名が流罪に処された、いわゆる「承元《じょうげん》の法難」が起こります。その一人に親鸞はいました。「藤井善信《ぜんしん》」という俗名を与えられ、越後へ流されました。一方、法然は土佐へ流罪となり、これが二人の今生の別れとなりました。この一節は、その時のことを回想し、主著『教《きょう》行信証《ぎょうしんしょう》』の後序（あとがき）に親鸞が記したものです。

自身は、もはや国の枠組みのなかで仏法によって国を鎮《しず》め護《まも》っていくような僧侶でもなく、かといって世俗にどっぷりとつかって生きる者でもない、仏の教えを生きる仏弟子である。このことを親鸞は「僧にあらず俗にあらず（非僧非俗《ひそうひぞく》）」と言います。

この時、「禿」と名のっているところから、我が身の罪障性《ざいしょう》を歎《なげ》く心が「非僧非俗」の根底にもあることが知られます。

人に支えられて生きている

御こころざしのぜに三百文《もん》、たしかにたしかにかしこまりて、たまわりて候う。（親鸞聖人御消息集）

関東から京都に戻った親鸞には、門侶《もんりょ》から度々手紙が届いていました。門侶が念仏の教えや生き方に迷った時に親鸞をたよったのです。そのやりとりの中に門侶を案ずる親鸞の姿を感じることができます。

この言葉は、門侶からの「こころざし」（念仏を伝えるためのお金）を受け取り、それに対してお礼を述べたものです。一般的に見て、仏教者として大成した親鸞ですが、こうして周りからのこころざしに支えられて生活していたのです。御同朋《おんどうぼう》御同行《おんどうぎょう》(↓65ページ)の精神が、たしかに親鸞に息づいていたことが知られます。

氷が溶けて水となる

無碍《むげ》光の利益《りやく》より　威徳《いとく》広大の信をえて
かならず煩悩《ぼんのう》のこおりとけ　すなわち菩提《ぼだい》のみずとなる（高僧和讃）

仏教には「煩悩即菩提《ぼんのうそくぼだい》」という概念があります。煩悩はそのまま菩提（さとり）であるという、仏の智慧からみた言葉ですが、汚れた煩悩と清らかな菩提がどう

して「即」でつながっているのか、理解するのがなかなか難しいのではないかと思います。

　浄土真宗も仏教ですから、「煩悩即菩提」という考え方をします。親鸞はこれを「威徳広大《いとくこうだい》の信」、すなわち阿弥陀さまを信じる心だと説いています。この心が起こったならば、煩悩に満ちた生活（氷）が、阿弥陀さま中心の生活（水）に転換するのだというのです。

仏となる身として現世を生きる

現生《げんしょう》に正定聚《しょうじょうじゅ》のくらいに住して、
かならず真実報土《しんじつほうど》にいたる。（浄土三経往生文類《じょうどさんぎょうおうじょうもんるい》）

浄土真宗の教えは、「本願」「念仏」「浄土」「往生」「凡夫《ぼんぶ》」などをキーワードとして語られます。

その中の「往生」について述べたのがこの言葉になるでしょう。「現生」とは現世、私たちが生きているこの世界のこと、「正定聚」とは必ず仏となる身ということです。

親鸞は真実の往生を語る時、それを命終えてからだけのこととせず、現生で正定聚として生きることを大切にしたのです。

「今」を大切に生きる

臨終まつことなし、来迎《らいこう》たのむことなし。

（親鸞聖人御消息集）

命を終える時、阿弥陀さまが迎えに来てくださる。これを「臨終来迎」といいます。仏教では盛んに説かれ、民衆も臨終来迎を期待して、日々の生活を送ってきました。しかし、親鸞は「臨終まつことなし、来迎たのむことなし」と言います。臨終の時まで待たなくても、念仏をする今、阿弥陀さまがすでに来て私たちにはたらいているのだと説き、それが「来迎」であるとするのです。

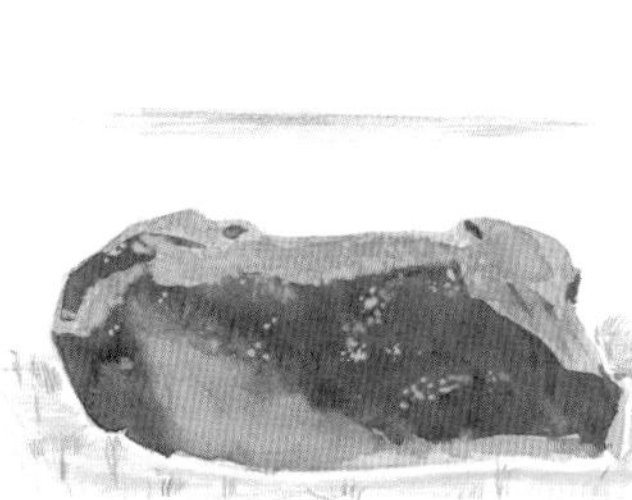

その手は、すべての者に差しのべられている

願力無窮《がんりきむぐう》にましませば　罪業深重《ざいごうじんじゅう》もおもからず
仏智無辺《ぶっちむへん》にましませば　散乱放逸《さんらんほういつ》もすてられず　（正像末和讃）

人類の繁栄によって絶滅に追い込まれつつある動植物は百万種を超えるともいわれます。人間は自分たちの生活のために日々動植物の命を奪って生きてい

ます。そんな人間は存在自体が罪深いもの。親鸞が伝えたかった罪業とは、人間が生きることでなしてきた、すべての罪業を指しているのでしょう。

それがどんなに深く重い罪であっても、阿弥陀さまの力はきわまりがなく、あらゆるところに行きわたり、必ず救ってくださるといいます。また、散り乱れた勝手な生き方をしている私たちであっても、決して見捨てることがないのです。

選びとるのも、あなた。捨て去るのも、あなた。

このうえは、念仏をとりて信じたてまつらんとも、
またすてんとも面々《めんめん》の御《おん》はからいなり　（歎異抄）

人生は、選択の連続です。どれほど信頼できる人からアドバイスを受けたとしても、「この道を進むのだ」と決心し、現状から一歩を踏み出すのはあなた自身にしかできません。

親鸞は、たくさんの人に阿弥陀さまの本願を説き、念仏するよう勧めました。そして、

こんな一言もつけ加えたのです。「信じるか信じないかは、あなたがたお一人おひとりが決めることです」。親鸞は人々をつきはなしているようにみえるかもしれません。しかしここには、念仏の教えを強制するのではなく、一人ひとりの教えへの目覚めを信じる、親鸞の人々へのあたたかい心があるのです。

上も下もない関係をつくる

親鸞は弟子一人《いちにん》ももたずそうろう
（歎異抄）

親鸞は、誰の弟子、どこの門徒などという争いを、けしからんことだとして、すべての人が阿弥陀さまによって等しく救われることを強調しました。門徒の関係は親鸞自身も含めて対等なのだと、くり返し述べています。

等しく全員が救われるのだから、「私はさとりを得られるだろうか」「位の高いあの人の方が救いに近いに違いない」などと不安やねたみを感じずに信頼しあうことができる。そこには上下関係も身分も超えた平等の大地がひらかれているのです。

信じる心はただひとつ

源空が信心も、如来《にょらい》よりたまわりたる信心なり。善信房《ぜんしんぼう》の信心も如来《にょらい》より
たまわらせたまいたる信心なり。されば、ただひとつなり。（歎異抄）

ある人の信じる心と、また違った道を歩んできたある人の信じる心は、普通同じではありません。しかし親鸞は、真実の信心は一つだと言います。阿弥陀さまから賜《たまわ》った心だから一つだと。このような真実の信心に、親鸞は誰もが平等に救われる根拠をみたのです。

ある先生は、この救いを「如来、我となりて我をすくいたもう」（阿弥陀さまが私となって私を救ってくださる）と言います。真実の信心は阿弥陀さまの心そのものなのです。

また先生のこの言葉は「我、如来となりて」ではなく、「如来、我となりて」です。ここに浄土真宗の信仰における大切な点が表されています。私たちは前者に陥りやすいのです。念仏するようになると、自分が阿弥陀さまになったかのように振る舞い、周りが迷惑することがあります。どこまでも後者、阿弥陀さまが私にはたらき出て私を救ってくださるというのが、信仰の味わいです。

世のなか安穏《あんのん》なれ、仏法ひろまれ
（親鸞聖人御消息集）

誰もが願う、穏やかな日常

いざ地震や不況や疫病などが起こると、世の中は穏やかでなくなってしまいます。新型コロナウイルスに怯《おび》える現在はまさにそのような状況です。「世の中が穏やかであれ、そのために仏法が広まれ」。この親鸞の言葉をあらためていただいていきたいものです。

どんな人も救われるという阿弥陀さまの教えが広がっていけば、人々は信心の智慧をたまわり、本当の意味で平穏な世が訪れるに違いない。そんな願いと確信に満ちた言葉といえます。

コラム

妻・恵信尼《えしんに》

親鸞には恵信尼という妻がいました。子どもにも恵まれました。いつ結婚したかについては、吉水《よしみず》時代、流罪後の二説があります。恵信尼は越後で親鸞や子どもたちと生活をともにしました。

恵信尼にはいくつかの直筆の手紙が残されています。そこには親鸞についての記述があり、自身のことをあまり書かなかった親鸞の生涯を知る貴重な資料になっています。たとえば、親鸞が比叡山で堂僧《どうそう》であったこと、比叡山を下りて法然に出遇《あ》うまでのこと、衆生を救うために三部経（『大経』・『観経』・『阿弥陀経』）を千回読もうとしたが中止したことなどを、恵信尼の手紙から知ることができます。

越後で七年を過ごした後、一家は関東に向かいます。親鸞はその地で約二十年間、熱心に布教活動をしました。また主著『教行信証』の草稿本を完成したともいわれています。

第六章　念仏は仏さまからの贈り物

「南無阿弥陀仏」の正体とは

これ凡聖自力《ぼんしょうじりき》の行《ぎょう》にあらず。
（教行信証）

念仏の特徴が端的に述べられた言葉です。「凡聖自力の行にあらず」、念仏は凡《ぼん》夫《ぶ》や聖者が自力で称《とな》える行ではないと親鸞は語っています。私たちの口で念仏を

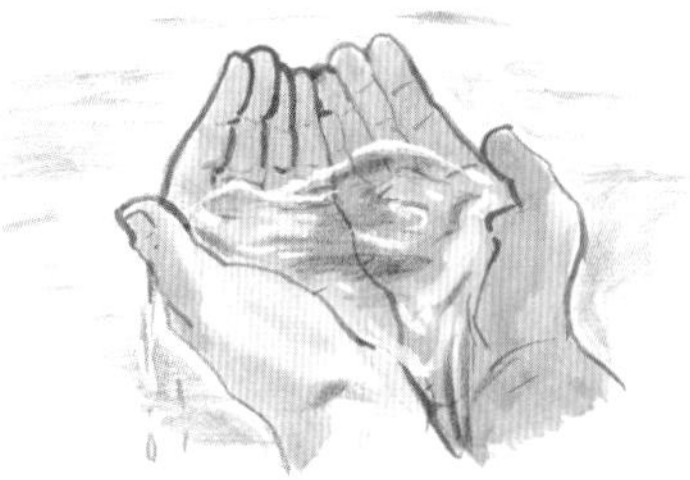

称えているのに、それは私たちの行ではないと言います。これは、私たちの口から「南無阿弥陀仏」という声となって現れ出た阿弥陀さまの行（はたらき）が念仏ということです。阿弥陀さまの大いなるはたらきですから、親鸞は念仏を「大《だい》行《ぎょう》」といいます。阿弥陀さまはそんな念仏を私たちに与え、浄土への歩みをうながすのです。

念仏することこそ浄土への道

念仏成仏これ真宗
（浄土和讃）

人間は、「年をとって元気がなくなった」「最近頭痛がひどい」…そうした悩みに動かされて「老けないように」「病気にならないように」と、サプリメントを飲んだり、体を動かしたりしてがんばります。いつかは死ななければならないことを頭ではわかっていますが、そのことを見つめるのを遠ざけ、いざ病気にでもなると、あわてふためきます。

ここ数年、終活ブームです。この終活は、自分が死んだ時にそなえ、どのような葬式をするのか、埋葬方法、遺産についてなど、エンディングノートを作成して準備することです。終活の背景には納得して死んでいきたい、家族に迷惑をかけたくないという思いがあります。

浄土真宗の教えに「終活」があるとしたら、これとは異なるでしょう。亡くなった後のことに力を入れるのではなく、「念仏成仏」(念仏して仏になる)の教えを聞き、自分も死すべきいのちを生きていることをしっかりと見つめ、「今、ここ」を活き活きと生きていくことだと考えられます。

信じる心は、自分のものではない

信心よろこぶそのひとを　如来とひとしとときたまう
大信心《だいしんじん》は仏性《ぶっしょう》なり　仏性すなわち如来なり（浄土和讃）

親鸞がここで語る「信心」とは、他力の信心のこと。阿弥陀さまが私たちに与えてくださる心のことです。さらに言えば、阿弥陀さまの心そのものです。阿弥

陀さまの大いなる心ですから「大信心」であり、「仏性」（仏の性質）であり、「如来」なのです。

そんな信心を喜ぶとはどういうことでしょうか。それは、本当の自分のすがた（凡夫《ぼんぶ》であること）があきらかになり、阿弥陀さまの浄土への歩みが始まったという、生きる方向が定まった喜びです。

信じる心が湧き上がる

念仏もうさんとおもいたつこころのおこるとき、すなわち摂取不捨《せっしゅふしゃ》の利益《りやく》にあずけしめたまうなり。（歎異抄）

「すべての人を救う」と誓われた阿弥陀さまの本願にたすけられて、必ず往生するのだと信じ、念仏しようという心が自分のなかに起こったその時、阿弥陀さまの救いにあずかっているのです、という一節です。ここで大切なのは、念仏することによって救いをいただくのではなく、念仏することが救いだということです。念仏は手段ではなく、救いなのです。

浄土真宗ではこの「念仏もうさんとおもいたつこころがおこる」ことを大切にします。ここには「念仏」という行、「おもいたつこころ」という信心、「おこる」というあり方が説かれています。念仏だけですと信心が伴わない口先だけの場合がありますが、そうではなく信心と念仏がワンセットなのです。また信心は「おこす」ではなく「おこる」のです。自力ではなく、阿弥陀さまのはたらきによる信心、これを真実の信心とか、他力の信心といいます。このように信心も念仏も阿弥陀さまからの贈り物なのです。

親鸞の教えに関心をもち学んでいくなかで、信心や念仏に迷った時は、「念仏もうさんとおもいたつこころ」に立ち返ってみるとよいと思われます。

念仏を称《とな》えること、それがすべて

しかれば本願を信ぜんには、他《た》の善も要《よう》にあらず、念仏にまさるべき善なきゆえに。（歎異抄）

親鸞の師法然は、念仏とその他の行を比較し、念仏は行じやすく、あらゆる徳がつまっているから最も勝れていると説いて、「ただ念仏して阿弥陀さまに救われなさい」と念仏を広めました。親鸞もこの教えを受け継ぎました。しかし、親鸞と法然の教えに違いはありません。浄土真宗をひらいたのは法然だと、親鸞は語っています。ただ、法然には他の行ではなく念仏を広めるという課題、親鸞には法然の広めた念仏を信心の側面から説くという課題があったといえます。

悪人こそが救われる

善人《ぜんにん》なおもて往生をとぐ、いわんや悪人をや。
（歎異抄）

「善人が往生するのだから、悪人はいうまでもない」と聞くと、不思議に思う人もいるでしょう。常識的には「悪人が往生するのだから、善人はいうまでもな

い」だからです。しかし、ここでいう「悪人」とは罪を犯した悪い人という意味ではありません。自力ではさとりを得られず、他力をたよる者のことです。

私たちのほとんどは、この悪人に属します。阿弥陀さまの本願は、私たちのような悪人を救うためにたてられたのですから、「悪人こそが救われる」のです。

「南無阿弥陀仏」とは双方向のはたらき

> 「南無」の言は帰命なり。
> （教行信証）

親鸞が人々に伝えたことを一言に集約すると、「南無阿弥陀仏とはなにか」といえます。念仏など信じない、南無阿弥陀仏なんて呪文と同じなどと疑う人々に対して、熱心に南無阿弥陀仏のいわれ、はたらきを説きました。

この言葉は「南無」について述べたものです。「南無」は尊敬とか敬意をあらわすインドの言葉「ナマス」の音に漢字をあてたもの（音写語といわれます）です。「帰命」は「（阿弥陀仏を）敬い心から信じる」ということです。

さらに親鸞は「帰命」について「本願招喚《しょうかん》の勅命《ちょくめい》」（阿弥陀さまの命令）、つまり、阿弥陀さまが私たちに「帰命しなさい」とよびかけていると言います。このよびかけに育てられて、阿弥陀さまに背く私たちが帰命するようになると語るのです。

このように「南無阿弥陀仏」は、阿弥陀さまからの「帰命せよ」と、私たちからの「帰命する」の双方向の意味をもっているのです。

「南無阿弥陀仏」という、ひとすじの道

念仏者は無碍《むげ》の一道なり。
（歎異抄）

この言葉は、「念仏者は何ものにもさまたげられない、さとりへのひとすじの道を歩む者である」という意味です。無碍とは、何ものにもさまたげられないということです。
私たちの現実は、老病死の苦、愛する人と別れなければならない苦、嫌いな人と会わなければならない苦、欲しいものが手に入らない苦など、さまざまなさまたげであふ

れています。親鸞の人生も、幼い時の両親との死別、流罪、長男の義絶《ぎぜつ》など、決して順風なものではありませんでした。しかし親鸞は、念仏ひとすじに生きる道を大切にし、それらのさまたげと向き合い、超えていきました。念仏という阿弥陀さまのはたらきが、現実と向き合う力となったのです。

何かを期待して念仏するのではない

念仏には無義《むぎ》をもって義《ぎ》とす。
（歎異抄）

親鸞は「無義」を「自力のはからいのないこと」と了解しています。自力のはからいとは、自己中心的に善悪や損得を判断することです。念仏はそういうはからいでするものではないと親鸞は語ります。親鸞は『教行信証《きょうぎょうしんしょう》』などで、念仏までも功徳を得るための手段として利用しようとする人間のあさましさを指摘しています。

親鸞にとって、念仏とは阿弥陀さまのはたらきでした。自力で称《とな》えるのではなく、声となって自身の口からはたらき出る阿弥陀さまだったのです。そしてその声を聞き、仏道を歩んだのです。

ある先生は念仏について次のように言いました。「念仏は請求書ではなく領収書である」。健康にしてください、合格させてください、どうかおたすけくださいなどと、阿弥陀さまに請求するのが念仏ではなく、たしかに阿弥陀さまのはたらきを頂戴しましたというのが念仏であると語ります。ですから、阿弥陀さまのはたらきも念仏、頂戴しましたというのも念仏なのです。前者を「大行」、後者を「報恩《ほうおん》の念仏」（救われたことへの感謝の念仏）といいます。

これが善、これが悪だと言い切れるのか

善悪のふたつ総じてもって存知《ぞんじ》せざるなり。
（歎異抄）

借金の返済を強いられて、生活のために盗みをする。先の見えない介護生活に疲れ、子が親を手にかける。どちらも現在の社会では許されないことですが、心

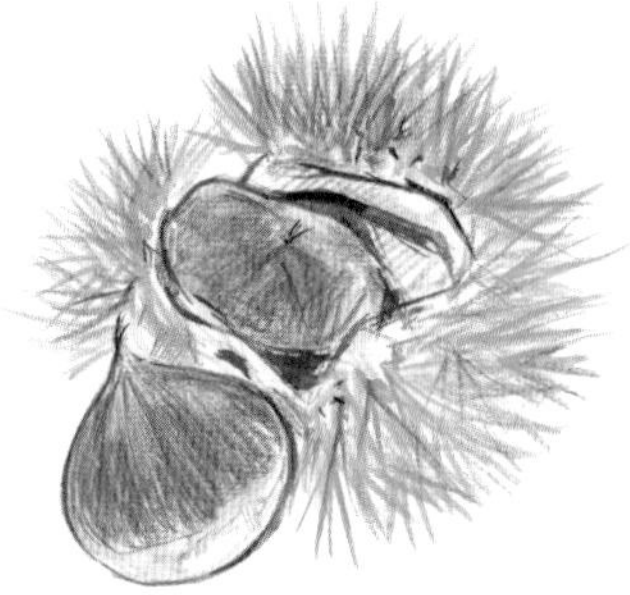

情として理解できないわけではありません。
人間の社会では安全のためにルールをつくり善悪を区別しなければいけません。それが人間の限界です。だから、こうしたことも悪とするしかないのです。
しかし、阿弥陀さまはそうではありません。さとりの智慧の眼《まなこ》で人の行いを御覧になり、誰にでも救いの手を差し伸べてくださるのです。

真実をひらく力

煩悩具足《ぼんのうぐそく》の凡夫《ぼんぶ》、火宅無常《かたくむじょう》の世界は、よろずのこと、みなもって、そらごとたわごと、まことあることなきに、ただ念仏のみぞまことにておわします
（歎異抄）

親鸞は、人間存在や人間の世界を徹底的に見つめていました。そして、それらについて語ったのがこの言葉です。

「煩悩具足の凡夫《ぼんぶ》」とは、煩《わずら》いや悩みをそなえていて、仏教の教えを十分に理解していない人のことです。また「火宅無常の世界」とは、まるで燃え盛る火によって家が焼け

てしまっているように、ありとあらゆる迷いによって生まれ変わり死に変わるこの世界のことです。そんな人間や世界は「空言《そらごと》・戯言《たわごと》」にまみれていて、「真実」が抜け落ちてしまっていると親鸞は言います。

私たちが、普段依り処にしているものやことは何でしょうか。地位や名誉や財産、健康や家族など自分にとって都合のよいことをあてにしていませんか。それが崩れ去ると「何が真実（本当のこと）なのか、何が真実でないのか、何が幸せなのか、何が不幸せなのか」がわからなくなってしまうのです。そのような中で、ただ「南無阿弥陀仏」と称《とな》える念仏だけが「真実（まこと）」だと親鸞は言うのです。なぜなら念仏のみがさとりの真実（みな平等の世界）をひらき、人間の身の真実（自分の都合をあてにするあり方）をあきらかにするからなのでしょう。

心の善し悪しを問わない、念仏の教え

わがこころよければ往生すべしとおもうべからず。自力の御はからいにては真実の報土《ほうど》へうまるべからざるなり。

（親鸞聖人血脈文集）

人に親切するのは好ましいことです。しかし親切にした時、「自分もまんざらではない」と思い上がったり、「私にも親切にしてほしい」と要求する気持ちが起こってしまうものです。人間の行いにはどうしてもそのような毒（煩悩）が混じっている、そう親鸞は言います。ですから「わがこころがよい」ということはなく、「わがこころは悪い」

のです。しかしまた親鸞は、「わがこころが悪いから往生できないと思ってはならない」とも言います。往生に心の善し悪しは無関係であるとされ、阿弥陀さまが与えてくださった念仏によって往生するのです。

またこの一節の「自力のはからいでは真実の浄土には生まれることができない」とは、自力のはからいで生まれるのは仮の浄土であり、そこにおいて自力の人々は阿弥陀さまによって真実の浄土に生まれる者に育てられていくのだということです。阿弥陀さまの「人々を決して見捨てない慈悲の心」に触れて救われたからこその言葉です。

二つの恩徳に感謝し、人生を歩む

如来大悲《にょらいだいひ》の恩徳《おんどく》は　身を粉《こ》にしても報ずべし
師主《ししゅ》知識の恩徳も　ほねをくだきても謝すべし　（正像末和讃）

本願に救われ念仏する身となった親鸞の感謝は、二つのことに向けられています。一つは「如来大悲」、これは私たちを救おうとする阿弥陀さまの慈悲のはたらきです。

もう一つは「師主知識」、これは阿弥陀さまのはたらきを教えとして私たちに伝えてくださったお釈迦さまや諸先輩をさします。前者を救主《きゅうしゅ》、後者を教主《きょうしゅ》とよくいわれます。親鸞はこの二尊の恩徳に感謝し、人生を歩んだのです。

コラム

帰洛《きらく》後の親鸞

約二十年間の関東での生活を終え、親鸞は京都に戻ります。六十歳の頃のことです。なぜ京都に戻ったかについては諸説ありますが、定かではありません。一説には『教行信証』を完成させるためだったといわれています。『浄土和讃《じょうどわさん》』、『高僧和讃《こうそうわさん》』、『尊号真像銘文《そんごうしんぞうめいもん》』、『唯信鈔文意《ゆいしんしょうもんい》』、『一念多念文意《いちねんたねんもんい》』など、多くの書物を記したり、先輩の書物を転写したりして、伝道に努めました。

八四歳の時には、長男・善鸞《ぜんらん》を義絶《ぎぜつ》するという、つらい経験をしました（→36ページ）。これを機にますます仏教の学びを深めていったともいわれています。

弘長二（一二六二）年十一月二八日、九十歳で浄土にお還《かえ》りになりました。

年表・用語集

西暦	和暦	年齢	出来事
一一七三	承安三	1	京都に生まれる
一一八一	養和元	9	青蓮院で出家。以降20年比叡山にて修行
一二〇一	建仁元	29	比叡山を下り、六角堂に参籠する 法然と出遇《あ》い、専修念仏に帰す
一二〇四	元久元	32	法然の「七箇条制誡」に「僧綽空」と署名
一二〇五	元久二	33	法然より『選択集』の書写を許される
一二〇七	承元元	35	専修念仏の停止、越後（新潟県）に流罪となる
一二一一	建暦元	39	流罪を許される。その後、関東へ赴く
一二一四	建保二	42	上野国（群馬県）で「三部経」千部読誦を発願、 やがて中止し、その後常陸国（茨城県）へ向かう
一二二四	元仁元	52	『教行信証』草稿が完成

一二三一	寛喜三	59	親鸞病に臥す。『大経』を読み、以前の「三部経」読誦中止を想い起こす
			（60歳頃帰洛し、しばらく五条西洞院に住む）
一二四八	宝治二	76	『浄土和讃』『高僧和讃』を著す
一二五〇	建長二	78	『唯信鈔文意』を著す
一二五六	建長八	84	息子の善鸞を義絶する
一二五七	康元二	85	『一念多念文意』を著す
一二五八	正嘉二	86	『正像末和讃』を補訂
一二六二	弘長二	90	入滅する

あ

【阿弥陀仏／あみだぶつ】 はかりしれない光と寿命で私たちに呼びかける仏。はるか昔一国の王子が一切衆生《しゅじょう》を平等に救おうとして出家し、48の大願《たいがん》を発《おこ》し、長い修行ののちそれを成就《じょうじゅ》させて阿弥陀仏となった。

【安養／あんにょう】 阿弥陀仏の浄土のこと。安養浄土や安養界なども同じ。

【回向／えこう】 阿弥陀仏が衆生を救済するために自身の功徳《くどく》を衆生に与えること。

【回心／えしん】 自力の心をひるがえし、本願を信じること。

か

【帰命／きみょう】 信じしたがうこと。

【逆謗／ぎゃくほう】 「逆」は五逆で①父を殺し、②母を殺し、③聖者を殺し、④仏身から血を流させ、⑤教団を分裂させること。「謗」は謗法《ほうぼう》で仏の教えをそしること。

【久遠劫／くおんごう】 はかりしれない遠い過去。

【弘誓／ぐぜい】 一切衆生を救おうとする阿弥陀仏の弘やかな誓い。

【功徳／くどく】 修行によって得た徳。

[愚禿／ぐとく] 親鸞の流罪以降の自称。

[源空／げんくう] 法然の諱《いみな》(→法然)。

[虚仮／こけ] 真実でないこと。

[五劫思惟の願／ごこうしゆいのがん] 阿弥陀仏が長い時間をかけて思いめぐらせてたてた衆生救済のための誓願。

さ

[自然／じねん] 阿弥陀仏のはからいによる救いのこと。また、それを信じることによって救われること。

[慈悲／じひ] 苦を抜き、楽を与えること。

[釈迦／しゃか] 釈迦牟尼仏《しゃかむにぶつ》の略で、ブッダのこと。

[邪見／じゃけん] よこしまな見解。

[娑婆／しゃば] この世界のこと。

[衆生／しゅじょう] 生きとし生けるもの。

[正定聚／しょうじょうじゅ] 阿弥陀仏による救いを信じ、浄土に往生してさとりを得ることが決まっている人、またその集まり。

[浄土宗／じょうどしゅう] 平安末期に法然が開いた仏教の宗派。専修念仏による阿弥陀仏の浄土への往生を説いた。

[濁悪／じょくあく] 人の心が、煩悩のために悪で

満たされていること。

［信楽／しんぎょう］阿弥陀仏の本願を信じて疑いのまじらない、他力の信心のこと。

［真実報土／しんじつほうど］阿弥陀仏の浄土のこと（→安養）。

［神通／じんずう］自由自在な仏のはたらき。

［瞋憎／しんぞう］いかりやにくしみのこと。

［善知識／ぜんじしき］正しい道へと導く人。

［選択本願／せんじゃくほんがん］阿弥陀仏の本願のこと。数限りない仏の浄土から善いものを選び取り、悪いものを選び捨ててたてた本願なのでこう言う。

［専修念仏／せんじゅねんぶつ］南無阿弥陀仏の名《みょう》号《ごう》を専ら称《とな》えること。

た

［大悲／だいひ］阿弥陀仏の大いなる慈悲のこと。

［他力／たりき］阿弥陀仏が衆生《しゅじょう》を救済するはたらき。

［貪愛／とんない］貪《むさぼ》り、執着すること。

な

［涅槃／ねはん］煩悩を滅し尽くしたさとりの境地。

は

[法然／ほうねん] 一一三三〜一二一二年、平安末期から鎌倉初期の僧。浄土宗の開祖。『選択本願念仏集《せんじゃくほんがんねんぶつしゅう》』を著し、専修念仏《せんじゅねんぶつ》の教えを広めた。

[方便／ほうべん] 真実に導くための手立て。

[凡聖／ぼんしょう] 凡夫《ぼんぶ》と聖者《しょうじゃ》。凡夫は煩悩に縛られる者、聖者はさとりを得た者。

[煩悩／ぼんのう] 身や心を悩ませ煩《わずら》わせる、むさぼりやいかりやうたがいなどの精神作用。

ま

[無碍／むげ] さまたげるものがないこと。

[無碍光／むげこう] 何ものにもさまたげられず、あらゆるものを照らし出す阿弥陀仏の智慧の光。

[無慚無愧／むざんむき] 罪を恥じることがないこと。

[無明／むみょう] 真理に暗いこと。すべての煩悩の根本。

[監修]

真宗大谷派 名古屋別院

元禄3（1690）年、尾張の地に本願念仏のみ教えを伝える道場として、一如上人（いちにょしょうにん）によって開かれた真宗大谷派の寺院。尾張地方では古くから親しみをこめて「御坊（ごぼう）さん」とよばれている。教えは親鸞聖人を宗祖とする「浄土真宗」で、京都市にある「真宗本廟（通称、東本願寺）」を本山とする。本尊は阿弥陀如来。2016年4月、「真宗大谷派名古屋教区・名古屋別院　宗祖親鸞聖人750回御遠忌法要」が厳修された。法要、法話に加え、地域に根ざしたさまざまな行事も行っている。

http://www.ohigashi.net

[画]

臼井 治（うすい おさむ）

日本画家、日本美術院 特待。愛知県立芸術大学大学院美術研修科修了。師は片岡球子。愛知県立芸術大学日本画非常勤講師、同大学法隆寺金色堂壁画模写事業参加を経て、現在は朝日カルチャーセンターなどで日本画の講師を務める。また、国内のみならずリトアニア、台湾など海外での個展も開催。近年は、坂東彦三郎丈の「坂東楽善」襲名披露引出物扇子原画制作など多岐にわたり活躍中。

［参考文献］
『人生が変わる　親鸞のことば』川村妙慶（講談社）
『親鸞　救いの言葉』宮下真（永岡書店）
『親鸞 100 の言葉』釈徹宗（宝島社）　ほか

※上記以外にもさまざまな書籍、雑誌、ホームページなどを参考にさせていただきました。

監修　真宗大谷派 名古屋別院
画　臼井 治
装丁デザイン　宮下ヨシヲ（サイフォングラフィカ）
本文デザイン・DTP　渡辺靖子（リベラル社）
編集　山田吉之（リベラル社）
編集人　伊藤光恵（リベラル社）
営業　津田滋春（リベラル社）

編集部　堀友香・安田卓馬
営業部　津村卓・廣田修・青木ちはる・澤順二・大野勝司・竹本健志
制作・営業コーディネーター　仲野進

人生を照らす 親鸞の言葉

2020年 7月26日　初版
2020年11月28日　再版

編　集　リベラル社
発行者　隅田 直樹
発行所　株式会社 リベラル社
〒460-0008
名古屋市中区栄3-7-9 新鏡栄ビル8F
TEL 052-261-9101　FAX 052-261-9134
http://liberalsya.com
発　売　株式会社 星雲社（共同出版社・流通責任出版社）
〒112-0005
東京都文京区水道1-3-30
TEL 03-3868-3275

ISBN978-4-434-27725-2　10701